Ça chauffe pour la planète !

Préface de Yann Arthus-Bertrand

Cartooning for Peace Gallimard

SOMMAIRE

YANN ARTHUS-BERTRAND

SI ON CONTINUE, ON VA TOUS CREVER !

J'emprunte avec ce titre le ton provocateur des écolos-anarchistes des années 1970, parce qu'il vaut mieux en rire. Rire, mais de quoi ? De la catastrophe écologique qui vient et, croyez-moi, il y a là une forme de comique très classique : le comique de répétition. Parce que cela fait quand même cinquante ans qu'on nous répète les mêmes choses.

Le 13 novembre 2017, 15 364 scientifiques issus de 184 pays mettent en garde l'humanité dans un article de la revue *BioScience*[1]. Un « cri d'alarme » lancé par ceux qui prennent rarement la parole ☞**01**. Jamais un article scientifique n'a eu autant de signataires. « Il sera bientôt trop tard », « un changement climatique potentiellement catastrophique », ou encore « nous avons déclenché un phénomène d'extinction de masse », nous avertissent ces grands esprits. Nous consommons trop, beaucoup trop. Nous vivons au-dessus des moyens de notre Terre. Cette prise de position radicale va enfin éveiller les consciences, c'est sûr ! Le problème, c'est que je n'y crois plus. J'ai une trop forte impression de déjà-vu.

« Halte à la croissance ?[2] » est le titre du premier rapport publié en 1972 par le Club de Rome, une association créée en 1968, composée d'industriels, de scientifiques, d'anciens chefs d'État, de diplomates, d'économistes... Ce premier rapport a eu l'impact d'un ouragan sur les pays développés, au sommet de leur puissance industrielle, à l'apogée des Trente Glorieuses. C'est un groupe de chercheurs du prestigieux MIT[3] qui l'a rédigé. En extrapolant informatiquement des données telles que les interactions entre populations, la croissance industrielle, la production de nourriture ou encore la disparition des écosystèmes terrestres, les chercheurs sont arrivés à une prédiction funeste : les matières premières vont manquer, la pollution augmentera de façon exponentielle, la population va exploser et

01 Soulcié (France)

les progrès technologiques ne feront que ralentir l'effondrement inéluctable de notre société au XXIe siècle. Ce rapport provoque un tollé. De tous côtés les critiques fusent. Les libéraux enragent. Le Prix Nobel d'économie 1974, Friedrich Hayek, fustige la publication dans le discours qu'il prononce à la remise de sa récompense. Si l'indignation est si forte, c'est que le rapport vient de remettre pour la première fois en cause le dogme ultime du capitalisme : la sacro-sainte croissance économique. En affirmant que la pollution, les crises démographiques, l'épuisement des ressources et le capitalisme sont interdépendants et forment un système qui nous précipite vers notre perte, les auteurs ont franchi le Rubicon. C'est de cette souche que sont nés les germes des idées de croissance zéro et de développement durable – on disait *soutenable* à l'époque. C'est à ce moment-là que le combat écologique est devenu politique et global.

Jusque-là, en France comme ailleurs, l'écologie était contestataire. C'était une indignation. Le prolongement de l'autoroute du Sud menace la forêt de Fontainebleau en 1956 : un comité de défense se forme. La première bombe nucléaire française explose dans le Sahara algérien en 1960 : les mouvements pacifistes dénoncent. Le pétrolier *Torrey Canyon* s'échoue en 1967 et libère 120 000 tonnes de brut qui viennent toucher les côtes britanniques et françaises : la population prend conscience des risques des marées noires.

1972, c'est l'année de la parution de *La Gueule ouverte. Le journal qui annonce la fin du monde*, soutenu par un certain Professeur Choron. Le premier numéro s'écoule à 70 000 exemplaires. Le journal fondé par Pierre Fournier, journaliste de *Charlie Hebdo* et pionnier pacifique de l'écologie politique, s'en prend avec férocité aux multinationales, au nucléaire, à la malbouffe ☞ **02**... Reiser nous y apprend à fabriquer nos propres panneaux solaires, que les autorités d'alors s'empressent de faire démonter. Gébé y collabore aussi. Lui qui publie dans *Charlie* les planches de son *An 01*, la bande dessinée qui raconte comment l'humanité décide de repartir de zéro. Un film en sera même tiré, culte pour cette génération.

1972, c'est encore l'année de parution d'un numéro spécial du *Nouvel Observateur* tiré à 200 000 exemplaires :

02 *La Gueule ouverte. Le journal qui annonce la fin du monde*, n° 10, août 1973

03 Affiche du candidat écologiste René Dumont pour l'élection présidentielle de 1974 (dessin de Daniel Maja)

« La dernière chance de la Terre ». Ce numéro est dirigé par le journaliste Alain Hervé, qui, grâce au patron de presse Claude Perdriel, lance le journal écologiste *Le Sauvage* l'année suivante. Alain Hervé est aussi l'un des fondateurs de l'ONG[4] Les Amis de la Terre, en 1970. WWF est créé en 1961, Greenpeace en 1971. L'écologie politique en est toujours à ses balbutiements.

René Dumont, né en 1904 à Cambrai, est un ingénieur agronome, un universitaire et un haut fonctionnaire français. Il est surtout un grand voyageur humaniste. Un tiers-mondiste, comme on appelait alors ceux qui ne pouvaient se résoudre à laisser mourir toute une partie de l'humanité. Dumont a publié des dizaines d'ouvrages politiques. Les plus célèbres sont *L'Afrique noire est mal partie*[5] et *L'Utopie ou la mort !*[6], livre-programme dont il tirera le slogan de sa campagne présidentielle en 1974 : « L'écologie ou la mort, à vous de choisir ! » Car au terme de dissensions, d'errements et de nombreux désistements – entre autres, celui du commandant Cousteau –, René Dumont va accepter à

04 Wolinski (France)

70 ans d'être le premier candidat écologiste à l'élection présidentielle ☞**03**. Le voilà à la télévision, une pomme et un verre d'eau à la main, tentant de convaincre un peuple français incrédule que ces éléments les plus indispensables à notre quotidien sont menacés, et nous aussi. Les thèses de René Dumont sont formidablement modernes. Il préconisait le contrôle démographique, les économies d'énergie, la coopération internationale et la protection des sols. Pollution ☞**04**, bidonvilles, inégalité Nord-Sud, production à outrance… Il avait vu venir la mondialisation alors que le mot lui-même n'existait pas encore. Je fais partie du 1,32 % d'électeurs qui a voté Dumont en 1974. Son directeur de campagne était un certain Brice Lalonde. Dans le journal local de ma petite ville de Château-sur-Allier, je me souviens d'avoir lu avec fierté : Dumont, 1 voix.

À l'échelle mondiale, c'est aussi en 1972 que se tient le premier Sommet de la Terre organisé par l'ONU, à

Stockholm. La défense de l'environnement devient une priorité des Nations unies. Mais tout est relatif puisque les États prévoient de se revoir seulement tous les dix ans pour faire le point, et le deuxième Sommet de la Terre, tenu à Nairobi en 1982 et en pleine guerre froide, est un échec.

Et puis Rio. L'espoir, enfin. Le Sommet de la Terre de 1992 a été pour moi une révélation. 110 chefs d'États et de gouvernements, 178 pays représentés et des centaines d'ONG. La notion de développement durable reconnue et un texte fondateur[7], aux 27 principes, adopté. Premier de ces grands principes : « Les êtres humains sont au centre des préoccupations relatives au développement durable. Ils ont droit à une vie saine et productive en harmonie avec la nature. » Dans la foulée, 1 700 scientifiques, dont une centaine de Prix Nobel, lançaient un premier cri d'alarme[8]. Ils nous donnaient déjà clairement des clés à travers cinq grandes recommandations :

- Nous devons maîtriser les activités préjudiciables à l'environnement pour restaurer et protéger l'intégrité des systèmes terrestres dont nous dépendons.
- Nous devons gérer plus efficacement les ressources cruciales pour le bien-être humain.
- Nous devons stabiliser la population.
- Nous devons réduire et finalement éliminer la pauvreté.
- Nous devons garantir l'égalité sexuelle et garantir aux femmes le contrôle de leurs propres décisions en matière de procréation.

Tout était dit il y a vingt-cinq ans, et ce n'était que le début de la lutte. « L'appel des 15 000 », de novembre 2017, est l'écho de ce premier manifeste.

De Rio sont nées les COP, les « Conference of the Parties ». Les « Parties » étant les nations qui ont ratifié

05 Mix & Remix (Suisse)

la Convention-cadre des Nations unies sur les changements climatiques. Il y a une COP tous les ans depuis 1995. C'est grâce à elles qu'existent le protocole de Kyoto (1997), visant à réduire les gaz à effet de serre, et l'accord de Paris (2015), visant à limiter le réchauffement climatique ☞ **05**. Quel combat ! Que de négociations ! Il existe également aujourd'hui des COP sur la désertification et sur la biodiversité. Alors pourquoi les choses ne font-elles qu'empirer ?

« Les riches s'enrichissent et les pauvres... font des enfants », a écrit F. Scott Fitzgerald dans *Gatsby le Magnifique*. À ma naissance, nous étions deux milliards. Aujourd'hui, nous sommes sept milliards et demi et, en 2050, nous devrions être quelque neuf milliards. La pression sur nos ressources naturelles sera insoutenable. Combien de femmes et d'hommes vivront sous le seuil d'extrême pauvreté[9] ? Combien auront accès à l'eau salubre ? Combien à l'eau potable ? Combien seront contraints à l'exil ?

06 Kroll (Belgique)

La pollution est une calamité. Un ennemi invisible. Le glyphosate n'est que la star du moment ☞**06**. Dès 1962, la biologiste Rachel Carson, dans son livre fondateur *Printemps silencieux*, nous avertissait des risques des pesticides, dont le marché mondial représente 40 milliards de dollars. L'ennemi d'alors portait le doux nom de dichlorodiphényltrichloroéthane, le DDT. On détecte aujourd'hui 500 pesticides dans les cours d'eau français. Nous n'avons plus qu'à boire du vin ? ☞**07** Eh bien, non, car la vigne aussi est empoisonnée. Tout est empoisonné…

Depuis 1998, la Terre a connu les dix années les plus chaudes, les émissions de CO_2 explosent, et nous avons perdu plus de 1,22 million de kilomètres carrés de forêt depuis 1990. En août 2017, des scientifiques ont déjà annoncé que le très enthousiaste objectif de l'accord de Paris, maintenir le réchauffement climatique sous la barre des 2 °C à l'horizon de la fin du siècle, était hors de portée[10]. Nous n'aurions que 5 % de chance de l'atteindre. Leurs prévisions tablent sur 3,2 °C supplémentaires, et encore, ce

07 Tignous (France)

n'est pas le pire scénario. Et dans les villes la température devrait augmenter de 7° à 8 °C ! À qui la faute ? À Donald Trump, bien sûr, et à sa sortie de l'accord de Paris. Quel irresponsable ! Mais Donald Trump n'est qu'un symbole, celui du capitalisme triomphant. Il n'a pas réchauffé la planète tout seul. La vérité, c'est qu'on a tous quelque chose en nous de Donald Trump.

On ne veut plus du nucléaire ? Mais de Tchernobyl à Fukushima, il y a mon grille-pain, mon mixeur, mon lave-linge, mon sèche-linge, mon lave-vaisselle, mon réfrigérateur, mon ordinateur, mes chargeurs… Et demain ma voiture électrique ? En quarante ans, la consommation d'électricité a augmenté de 280 % en France et de 350 % dans le monde[11].

Et il faut arrêter de manger de la viande ! Ou plutôt, il faut arrêter de manger *autant* de viande. Le rapport du groupe de réflexion orienté à gauche, Terra Nova, est édifiant[12]. Il faut diviser par deux notre consommation de viande d'ici à 2050. Ce n'est pas une association de végétariens qui le dit. Et ce n'est pas qu'une question sanitaire. Alors pourquoi ? Parce que 60 milliards d'animaux terrestres sont abattus chaque année pour nous nourrir. Et que pour nourrir ces animaux qui nous nourrissent, on mobilise un tiers des terres cultivables de la planète. Ce qui génère près de 15 % des émissions de gaz à effet de serre, participe à la déforestation, consomme infiniment trop d'eau...

L'eau. Les ressources d'eau douce par personne ont été divisées par deux depuis 1960. Les océans. Les limites de la pêche soutenable sont dépassées depuis 1992. Il y avait plus de 600 zones mortes maritimes[13] en 2010 : un drame pour la biodiversité.

Il y a encore quelques années, quand on partait se promener en voiture, le pare-brise était inévitablement couvert de dizaines d'insectes. Aujourd'hui, plus un seul insecte ! Et pour cause, d'après une étude allemande, 75 % des insectes volants auraient disparu en trente ans[14] ! Cette étude porte sur les réserves naturelles. On connaît le danger de la disparition des abeilles et des papillons, mais là, nous assistons à l'extinction des insectes volants.

Entre 1970 et 2012, près de 60 % des poissons, des oiseaux, des mammifères, des amphibiens et des reptiles ont disparu[15]. Cela paraît irréel.

L'éléphant est le plus grand mammifère terrestre. C'est un animal symbolique, qui fait partie de notre imaginaire à tous. Alors, quand j'entends parler de l'« inexorable disparition des éléphants », selon les prévisions des scien-

08 Plantu (France)

tifiques, je suis médusé. Parlera-t-on bientôt aux enfants des éléphants au passé ? Ils étaient un million dans les années 1970 en Afrique, ils sont 350 000 aujourd'hui. Quant à l'éléphant d'Asie, il est sur la liste rouge des espèces en danger d'extinction de l'UICN[16]. Il n'en reste que 50 000. Les lions aussi sont condamnés ; c'est avec les lions que j'ai appris la photographie[17]. Mais plus personne ne veut vivre sur la même terre qu'eux. Ces grands carnivores n'ont plus leur place parmi les hommes. Exit le lion, exit le tigre, exit le jaguar, exit le loup, exit l'ours... Mais imaginez aussi une France sans chardonneret élégant, ce petit passereau bariolé, et sans moineau friquet, sans verdier, sans bruant jaune… Car tous ces oiseaux sont désormais sur la liste rouge des espèces menacées. Dites aussi adieu au putois, au lapin de garenne, au vison… Selon les scientifiques, nous avons déclenché la sixième extinction de masse depuis celle des dinosaures il y a 66 millions d'années. Plus de 50 % des espèces animales terrestres ont disparu en quarante ans[18]. C'est un anéantissement biologique.

Nous ne serons pas épargnés. Les tensions entre le Nord et le Sud, entre riches et pauvres, ne feront que s'accroître, jusqu'à nous détruire. Et pourtant, comme le dit un proverbe africain, rien ne sert de pleurer dans le noir, il faut allumer une lumière !

Ce n'est plus le moment de réfléchir, ni de se poser des questions et encore moins d'avoir peur. C'est le moment de s'engager, de rejoindre les millions de gens qui le font déjà. C'est le moment d'agir.

Si Reiser, le Professeur Choron, Gébé, Tignous, Wolinski, Cabu, Honoré ou Charb étaient encore là, ils nous engueuleraient, comme le font aujourd'hui Plantu ☞ **08** et les dessinateurs de Cartooning for Peace. Parce que si on continue, on va tous crever.

Faut vraiment vous faire un dessin ?

Yann Arthus-Bertrand

1. « World Scientists' Warning to Humanity: A Second Notice », publié le 13 novembre 2017 dans la revue *BioScience*, relayé dans le monde entier et en France dans le journal *Le Monde*.
2. *The Limits to Growth*, Universe Books, 1972.
3. Le Massachusetts Institute of Technology est un laboratoire de recherches et une des universités les plus prestigieuses du monde.
4. Une organisation non gouvernementale (ONG) est une association à but non lucratif, d'intérêt public, qui ne relève ni de l'État ni d'institutions internationales.
5. Publié au Seuil en 1962.
6. Publié au Seuil en 1973.
7. Déclaration de Rio sur l'environnement et le développement.
8. « World Scientists' Warning to Humanity », 1992.
9. 800 millions d'êtres humains vivaient avec moins de 1,90 $ par jour en 2015, selon l'ONU.
10. Étude Thorsten Mauritsen & Robert Pincus publiée dans *Nature Climate Change*, rattachée à la prestigieuse revue scientifique *Nature*.
11. D'après les statistiques fournies par EDF.
12. « La viande au menu de la transition alimentaire : enjeux et opportunités d'une alimentation moins carnée », 23 novembre 2017.
13. Les zones mortes maritimes sont déficitaires en oxygène principalement à cause des engrais agricoles. La vie sous-marine (poissons, coraux...) y est asphyxiée.
14. « More than 75 percent decline over 27 years in total flying insect biomass in protected areas », étude réalisée par la société entomologique de Krefeld, publiée dans la revue scientifique *Plos One*, le 18 octobre 2017.
15. Indice planète vivante 2016, WWF.
16. Union internationale pour la conservation de la nature.
17. Anne et Yann Arthus-Bertrand, *Lions*, Hachette, 1983.
18. « Biological annihilation via the ongoing sixth mass extinction signaled by vertebrate population losses and declines », article publié dans la revue *Proceedings of the National Academy of Sciences of the United States of America*, mai 2017.

HALTE À LA POLLUTION

Notre civilisation est fondée sur la croissance. Le capitalisme est en train de détruire la planète.

Darío (Mexique)

Boligán (Mexique)

> **Tjeerd Royaards** (Pays-Bas)

TWD

Chappatte (Suisse)
Le 11 mars 2011, un séisme de magnitude 9 se produit au Japon, provoquant un tsunami.
La vague atteint plus de 30 mètres de haut et ravage près de 600 kilomètres de côtes, détruisant de nombreuses villes et zones portuaires. Deux centrales nucléaires, proches de la ville de Fukushima, sont touchées, exposant les habitants à un fort niveau de radioactivité.

CHAPPATTE

Avi Katz (Israël)
D'après l'estampe *La Grande Vague de Kanagawa* de Hokusai.

Mix & Remix (Suisse)
L'explosion du réacteur 4 de la centrale de Tchernobyl (Ukraine), survenue le 26 avril 1986, est considérée comme le plus grave accident nucléaire du xxe siècle. Trente ans plus tard, le lieu reste hautement radioactif et le sarcophage construit à l'époque est recouvert le 29 novembre 2016 d'un nouveau dôme de confinement en acier, en vue du futur démantèlement du réacteur.

ANNIVERSAIRE DE LA CATASTROPHE DE TCHERNOBYL

ON SOUFFLE LES BOUGIES

Cristina (Portugal)

Côté (Canada)
Entre 2009 et 2015, le constructeur automobile Volkswagen a réduit frauduleusement les émissions polluantes de certains de ses moteurs diesel et essence lors des tests d'homologation. L'affaire, révélée en septembre 2015 par l'Agence américaine de protection de l'environnement, est qualifiée de « dieselgate ».

« *Chaque fois que je prends l'avion, je calcule le CO_2 émis et, en échange, je participe en Inde au remplissage de réservoirs de biogaz qui fournissent de l'énergie gratuite aux familles locales. C'est une compensation solidaire.* »

IL EST TEMPS DE RÉDUIRE NOTRE EMPREINTE CARBONE

Jiho (France)

HARO SUR L'EAU

**Notre civilisation dépend
d'une eau abondante et propre
mais ça ne pourra pas continuer comme ça
avec 7 milliards d'habitants sur Terre.
Il n'y a pas assez d'eau sur la planète,
il va bien falloir qu'on partage
et qu'on change notre façon de vivre.**

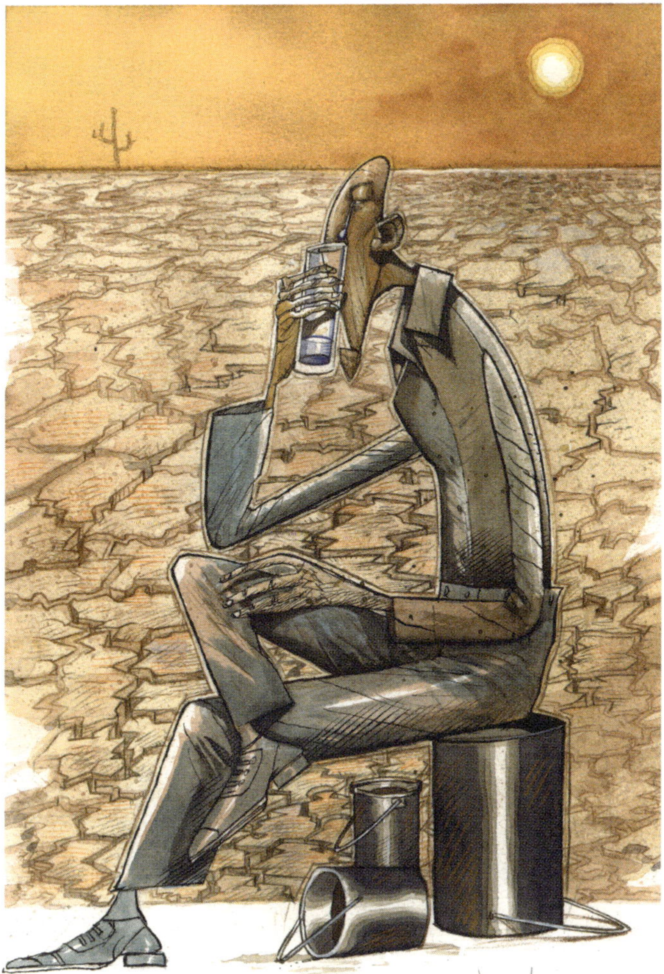

Chubasco (Mexique)

Kap (Espagne)

Plassmann (Allemagne)
Selon une étude des Nations unies, l'eau pourrait devenir, dans les prochaines décennies, un bien plus précieux que le pétrole. On parle déjà d'« or bleu ». Avoir accès à l'eau est devenu un enjeu économique majeur à l'échelle planétaire et pourrait être, dans le siècle à venir, l'une des premières causes de tensions entre pays.

« *Il y a des gens qui ont seulement quelques litres d'eau par jour pour vivre. La recherche de l'eau potable est une obsession pour eux.* »

Boligán (Mexique)

Glez (Burkina Faso)

Pov (Madagascar)

Wilcox (Australie)
« Chaîne alimentaire marine »

Marine Food Chain
EZY-
MART
Wilcox

Xia (Chine)

RÉCHAUFFEMENT CLIMATIQUE

Le réchauffement climatique n'est pas seulement un problème. C'est aussi une multitude de solutions ou d'opportunités qui ont d'ores et déjà émergé de la société civile, dans les entreprises, les collectivités et même chez les individus.

Plantu (France)

Falco (Cuba)
Dans son rapport publié en 2014, le Groupe d'experts intergouvernemental sur l'évolution du climat (GIEC) prévoit à l'horizon 2100 une augmentation pouvant atteindre 4,8 °C des températures moyennes si les émissions de gaz à effet de serre ne sont pas réduites.

FALCO

Aurel (France)

Cost. (Belgique)
« Briser la glace pour écouter »

BREAK GLASS
TO LISTEN
Cost.

Chappatte (Suisse)

s'écheresse

< **Aurel** (France)

Chappatte (Suisse)
Les climatosceptiques refusent l'hypothèse d'une responsabilité humaine dans le réchauffement climatique. Selon eux, seul le Soleil est responsable des variations du climat.

Vadot (Belgique)
Selon une étude scientifique américaine datée de 2007,
le nombre d'épisodes cycloniques répertoriés depuis un siècle a doublé.

Les Caraïbes après Harvey, Irma, José, Maria...
Vous pourrez nous faire signe une fois que Winnie, Xavier, Yanina et Zak seront passés ?

Goutal (France)

VOUS Y CROYEZ, VOUS, AU RÉCHAUFFEMENT CLIMATIQUE ?
GOUTAL

Mix & Remix (Suisse)

Kroll (Belgique)

MENACE SUR LA BIODIVERSITÉ

On parle beaucoup du réchauffement climatique mais très peu de l'effondrement de la biodiversité. Pourtant, on constate aujourd'hui la disparition inévitable des éléphants et 75 % de la biomasse des insectes ont disparu.

Boligán (Mexique)

Chappatte (Suisse)
Syngenta est une société suisse spécialisée dans la chimie et l'agroalimentaire.

« *Agriculture intensive et monoflorale, pesticides, maladies et prédateurs arrivés avec la mondialisation... Il est peut-être déjà trop tard pour sauver les abeilles.* »

Tignous (France)
D'après la photographie *L'Homme de Tian'anmen* de Jeff Widener.
Depuis les années 1950, l'explosion de la démographie humaine génère une déforestation croissante, réduisant les zones habitées par les pandas géants. De nos jours, seuls 1 864 d'entre eux subsistent à l'état sauvage, dans six grands massifs montagneux du centre de la Chine.

TIGNOUS

Riber (Suède)

Yas (France)
Le 7 décembre 2017, une photographe de National Geographic filme un ours polaire émacié en quête de nourriture. La vidéo fait le tour de la planète et l'animal devient le symbole des victimes du réchauffement climatique.

Tjeerd Royaards (Pays-Bas)

Kichka (Israël)

PRODUCT OF ISRAEL
Kichka

AGROALIMENTAIRE ET SANTÉ

Cultiver des plantes ou élever des animaux, transformer les aliments, les conserver, les emballer, les transporter puis les traiter, sont autant d'étapes qui nécessitent de l'énergie et émettent des gaz à effet de serre dans l'atmosphère.

Côté (Canada)
Pour l'année 2014, on estime à 416 kilos par habitant de l'Union européenne l'empreinte carbone sur les produits alimentaires, les boissons et les produits à base de tabac.

Joel Pett (États-Unis)
« Mangez moins de viande »
« Je crois qu'elles savent à quel point cela influence le réchauffement climatique ! »

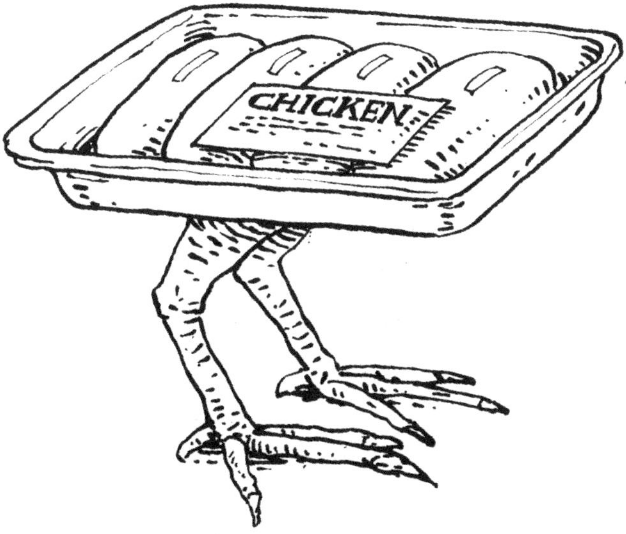

Joep Bertrams (Pays-Bas)
« Poulet »

Faro (France)
Depuis des années, l'agriculture traverse une crise majeure en raison de la surproduction, notamment dans les secteurs de la viande porcine, bovine et du lait. En France, un agriculteur sur trois a touché moins de 350 euros par mois en 2015. La dernière étude en date a répertorié près de 300 suicides entre 2010 et 2011.

Mix & Remix (Suisse)

Vadot (Belgique)
D'après le tableau *L'Angélus* de Jean-François Millet.

Angelus 2015
(d'après Millet)
VADOT.

Red ! (France)
Les ressources naturelles que la planète peut produire en une année sont épuisées de plus en plus rapidement. En 2017, le « jour du dépassement de la Terre » a été atteint le 2 août.

Y'EN A PLUS !
FINI !
VIDE !
PEANUT'S !
QUE DALLE !
NIBE... NADA !
NOTRE BONNE
VIEILLE TERRE
Red!

« Il faudrait que, sur les produits vendus dans le commerce, il y ait indiqué s'il y a ou non présence de glyphosate. Ensuite, à nous de décider si l'on veut acheter ou pas. »

Joep Bertrams (Pays-Bas)
« Santé ! »
En 2015, l'Organisation mondiale de la santé classe le glyphosate comme « cancérogène probable pour l'homme ». Cette molécule chimique est pourtant aujourd'hui le désherbant le plus vendu au monde, avec 720 000 tonnes écoulées par an. Malgré les alertes de plusieurs ONG, fin 2017, l'Union européenne reconduit pour cinq ans l'usage de cet herbicide.

Soulcié (France)

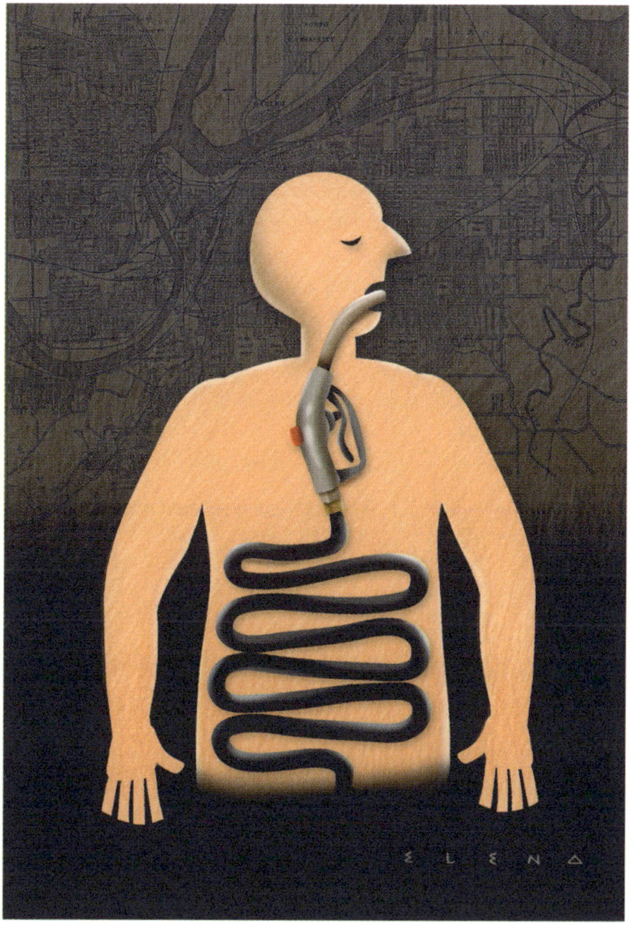

Elena (Colombie)

GÉOPOLITIQUE ET ÉCOLOGIE

L'incapacité de la communauté mondiale à résoudre le problème du changement climatique pose question. Le climat est clairement l'enjeu environnemental du XXIe siècle.

Riber (Suède)

Wolinski (France)

« *Tant que les États auront des intérêts divergents et ne se mettront pas d'accord, nous ne pourrons pas avancer.* »

Joep Bertrams (Pays-Bas)
« Air chaud »
« COP21 Paris. Livre de cuisine »
La COP est une conférence internationale sur le climat qui réunit chaque année les pays signataires de la Convention-cadre des Nations unies sur le changement climatique.

HOT AIR

Boligán (Mexique)
À l'issue de la COP21, en décembre 2015, l'Union européenne et 174 pays signent un engagement mondial sur le climat : l'accord de Paris. Cet accord vise notamment à limiter la hausse des températures en deçà de deux degrés.

°C
F
50
120
40
100
30
80
20

Dilem (Algérie)
Le 4 août 2017, Donald Trump annonce à l'ONU le retrait des États-Unis de l'accord de Paris.

LES CONSÉQUENCES DES CHANGEMENTS CLIMATIQUES SONT NETTEMENT EXAGÉRÉES !
CÔTE

Côté (Canada)

Trump, c'est la caricature du capitalisme.
C'est l'homme d'affaires par excellence.
Nous avons tous un peu de Trump en nous.
On est tous un peu responsables.

Chappatte (Suisse)

Soulcié (France)
La COP23 s'est déroulée à Bonn en novembre 2017,
soit quelques mois après le retrait des États-Unis de l'accord de Paris.

COMMENT SAUVER LA PLANÈTE ?
COP23
LEVER LES BRAS, COURIR EN ROND EN CRIANT QU'ON VA MOURIR !
Soulcié

AGIR

La seule façon de nous en sortir,
c'est de nous engager. Agir rend heureux.

Molina (Nicaragua)

Ares (Cuba)
Les agrocarburants peuvent être mélangés à des carburants fossiles pour alimenter les véhicules, réduisant ainsi la consommation de pétrole. Ils sont obtenus principalement à partir de produits agricoles : maïs, blé, canne à sucre, betterave sucrière, colza, soja, huile de palme…

> **Boligán** (Mexique)

TAXI

Chappatte (Suisse)
D'après le tableau *Le Bûcheron* de Ferdinand Hodler.
Le 21 mai 2017, les électeurs suisses sont appelés à se prononcer sur une nouvelle loi visant à remplacer le nucléaire par des énergies renouvelables. Le texte est approuvé à 58,2 %.

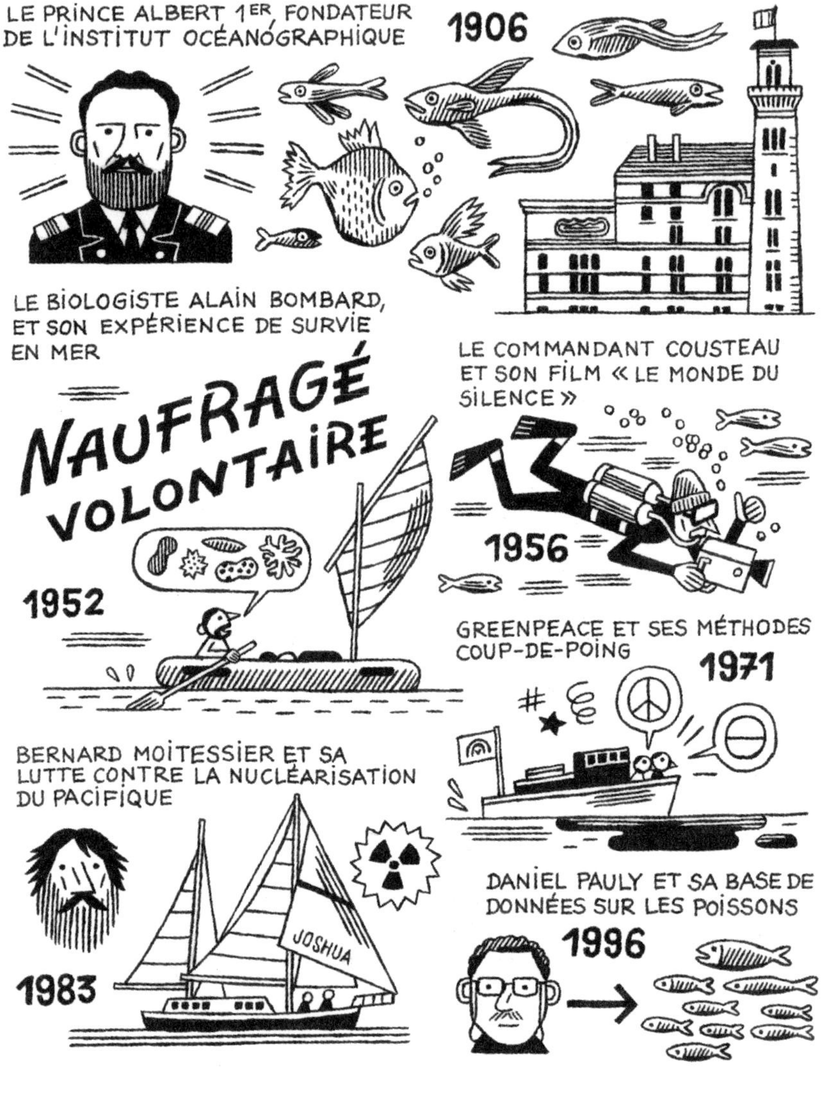
LE PRINCE ALBERT 1ER, FONDATEUR DE L'INSTITUT OCÉANOGRAPHIQUE
1906
LE BIOLOGISTE ALAIN BOMBARD, ET SON EXPÉRIENCE DE SURVIE EN MER
NAUFRAGÉ VOLONTAIRE
1952
LE COMMANDANT COUSTEAU ET SON FILM « LE MONDE DU SILENCE »
1956
GREENPEACE ET SES MÉTHODES COUP-DE-POING
1971
#
BERNARD MOITESSIER ET SA LUTTE CONTRE LA NUCLÉARISATION DU PACIFIQUE
JOSHUA
1983
DANIEL PAULY ET SA BASE DE DONNÉES SUR LES POISSONS
1996

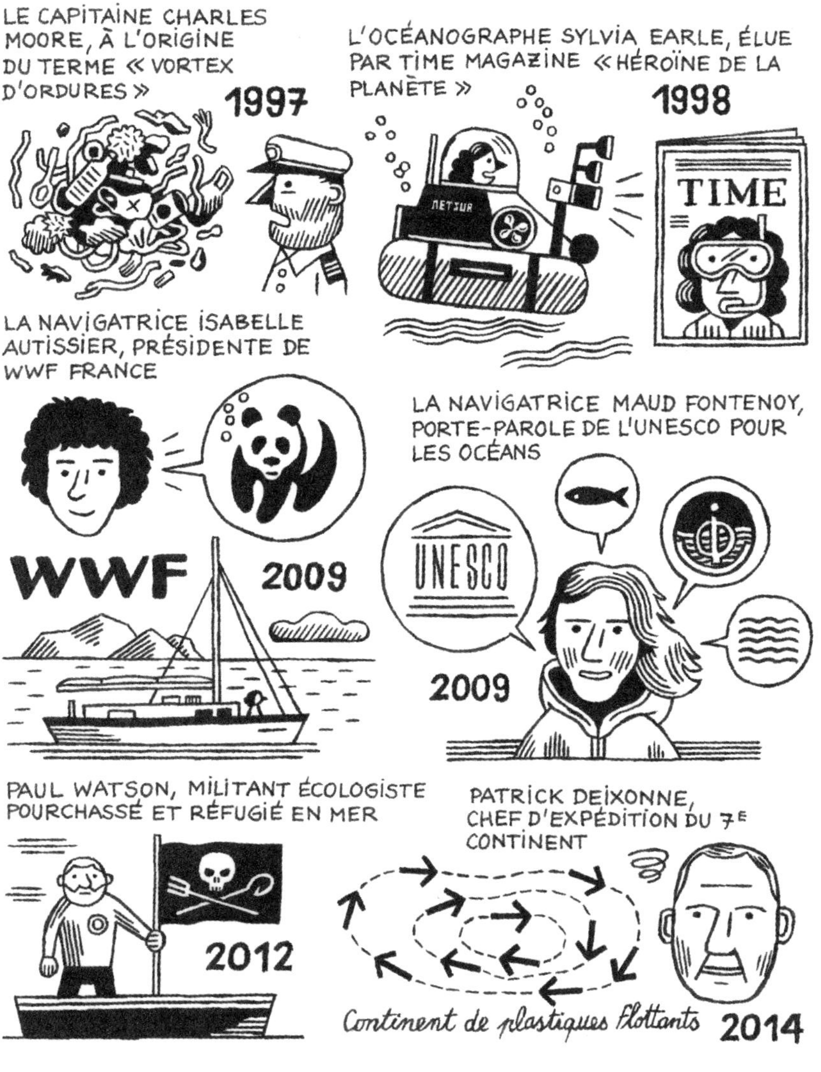

Jochen Gerner (France)

WE DON'T MIND WHO YOU ARE, NO MORE FREE ENTRY OF POLYTHENE BAGS!
?
SAIF

Seif Bizimana (Rwanda)
« Peu importe qui vous êtes, nous n'autorisons plus les sacs en polyéthylène ! »
En réponse aux millions de sacs en plastique qui polluent les rues et l'eau en Afrique, le Rwanda en a interdit l'utilisation et la vente depuis 2008.

Il ne sert de rien à l'homme
de gagner la lune s'il
vient à perdre la terre.

F. Mauriac.

Tignous (France)

TIGNOUS

LES ÉCOGESTES AU QUOTIDIEN

Prolongement du travail artistique et de l'engagement pour l'environnement de Yann Arthus-Bertrand, la Fondation GoodPlanet, créée en 2005 et reconnue d'utilité publique, a pour objectifs de placer l'écologie et l'humanisme au cœur des consciences, et de susciter l'envie d'agir concrètement pour la Terre et ses habitants.
Pour construire le monde durable de demain, la Fondation préconise des gestes simples et efficaces qui permettent de faire la différence.

ÉCONOMISER L'ÉNERGIE

FAIRE DU VÉLO Une journée par semaine, délaissons notre voiture et privilégions la marche, le vélo ou les transports publics pour nous maintenir en bonne santé ! Nous pouvons aussi avoir recours au covoiturage avec un collègue ou deux pour aller au bureau. Conduisons plus doucement.

ÉCONOMISER 10 % SUR LE CHAUFFAGE Il suffit d'abaisser notre thermostat de 1 °C et d'éteindre les radiateurs dans les pièces inutilisées.
Il existe aussi différentes subventions et primes pour mieux isoler un appartement ou une maison (Anah, crédit d'impôt pour la transition énergétique, aide des Régions...).

ÉCONOMISER 10 % SUR L'ÉLECTRICITÉ Faisons des économies importantes en changeant nos ampoules, en remplaçant notre vieux réfrigérateur ou congélateur par du matériel de classe A++, ou en éteignant les appareils en veille.

RÉDUIRE LE GASPILLAGE ET LES DÉCHETS

ÉCONOMISER L'EAU Consommer de l'eau, c'est aussi consommer de l'énergie. C'est le cas de l'eau du robinet mais encore plus de l'eau en bouteille ou de l'eau chaude. Il ne faut mettre une machine à laver en route que lorsqu'elle est pleine, et mieux vaut privilégier les douches aux bains et fermer le robinet lorsque l'on se brosse les dents. Il est enfin préférable de récolter l'eau de pluie pour arroser les plantes.

LIMITER LES RESTES ET ADOPTER DES RÉFLEXES ANTI-GASPI DÈS L'ACHAT Chaque année, 10 millions de tonnes de denrées alimentaires sont jetées, soit l'équivalent d'environ 100 000 baleines. Alors, n'attendons plus pour réduire les restes dans nos assiettes !
Soyons aussi plus attentifs lors de nos achats, organisons correctement nos placards et notre réfrigérateur, en plaçant devant les produits à consommer rapidement. La date de péremption

inscrite sur les emballages, c'est-à-dire la date de durabilité minimale (DDM), indique simplement la date à partir de laquelle les qualités gustatives et nutritionnelles d'un aliment diminuent. Il n'y a donc aucun danger à consommer des produits dont la DDM est dépassée. En revanche, la date limite de conservation (DLC) indique sous quels délais consommer le produit sans danger.

TRIER, RÉUTILISER ET COMPOSTER LES DÉCHETS
Pour mieux préserver l'environnement, privilégions le tri de nos emballages. D'après une étude de la CDC Climat Recherche, les 3,2 millions de tonnes d'emballages recyclés en 2013 ont permis d'éviter l'émission de 2,1 millions de tonnes de gaz à effet de serre.
Enfin, certains déchets alimentaires peuvent être recyclés grâce au compostage. Il suffit de collecter nos déchets dans une poubelle spécifique (un bioseau) puis d'aller les jeter dans un biobac - des initiatives existent aussi pour les immeubles - pour qu'ils deviennent un excellent engrais naturel !

CONSOMMER RESPONSABLE

UTILISER UN CABAS Chaque année, en France, 5 millions de tonnes d'emballages ménagers sont mises sur le marché. C'est à nous, consommateurs, de faire attention. Nous pouvons par exemple réutiliser nos cabas et emballages rechargeables à chaque fois que nous allons dans un magasin.

PRIVILÉGIER LES EMBALLAGES DURABLES
Deuxième poumon de la Terre, la forêt est essentielle à notre bien-être mais également à l'équilibre de nos écosystèmes. Pourtant, en moyenne 13 millions d'hectares de forêts disparaîtraient chaque année. Nous pouvons agir en tant que consommateurs en privilégiant des emballages issus de forêts gérées durablement. Grâce au label Forest Stewardship Council (FSC), nous sommes assurés de disposer d'un emballage durable.

CONSOMMER DES PRODUITS LOCAUX ET DE SAISON Consommer des produits locaux et de saison est à la fois bon pour notre environnement et pour notre santé. Par exemple, une tomate produite localement mais hors saison (donc sous serre) génère 20 fois plus de gaz à effet de serre qu'une tomate locale produite au bon moment de l'année ! Un calendrier des fruits et légumes de saison nous aidera à nous y retrouver.

MANGER MOINS DE VIANDE ET DE POISSON
Devenons consomm'acteurs en réduisant notre consommation de viande et de poisson issus de l'élevage et de la pêche industriels. Ce geste écologique, d'une simplicité désarmante, est pourtant d'une efficacité redoutable. Accompli par tous, il permettrait, à lui seul, d'initier la protection de la vie sur Terre.

Plus d'informations sur le site Internet de la Fondation GoodPlanet : www.goodplanet.org

INDEX DES DESSINATEURS

Les numéros de page renvoient aux dessins.

CRÉDITS PHOTOGRAPHIQUES

Pour tous les dessins :

© Cartooning for Peace

À l'exception de :

© Seif Bizimana, p. 112 ; © Jochen Gerner pour *Le 1*, p. 110-111 ; Collection Musée du Vivant - AgroParisTech / © Daniel Maja, p. 10 ; © Soulcié, p. 8, 88, 103 ; © Wolinski, p. 11, 92 ; © Yas, p. 71. Droits réservés pour la couverture de *La Gueule ouverte*, p. 10.

CARTOONING FOR PEACE

Président : Plantu
Déléguée générale : Barbara Moyersoen
Directrice éditoriale : Laure Simoes
Chargée de projets éditoriaux : Isis Ascobereta
Directrice du développement international : Laurence Lepetit
Chargée de projets pédagogiques : Lisa Serero
Chargée de communication et de plaidoyer : Anna Sollogoub

ÉDITIONS GALLIMARD

Directrice éditoriale : Nathalie Bailleux
Édition : Céline Guichard, assistée de Léa Pietton
Correction des textes : Marie Sanson
Directrice artistique : Anne Lagarrigue
Conception graphique : Clotilde Chevalier
Mise en page : Cécile Joly
Chef de fabrication : Caroline Artémon
Suivi de fabrication : Julien Recurt
Relations presse : Sophie Gallet
Direction du partenariat : Franck Fertille

Yann Arthus-Bertrand et les Éditions Gallimard remercient Sébastien Dourver pour son aide sur cet ouvrage.
Toutes les citations sont de Yann Arthus-Bertrand.

Cet ouvrage a été composé en Greta.
La photogravure a été réalisée par Turquoise.

Achevé d'imprimer en février 2018 sur les presses de Clerc (France).

Dépôt légal : mars 2018
ISBN : 978-2-7424-5276-7
Numéro d'édition : 332300

PEFC 10-31-2722